BIOGRAPHIE

DU GÉNÉRAL

SIMON BERNARD

NÉ A DOLE LE 28 AVRIL 1779

MORT A PARIS LE 5 NOVEMBRE 1839

AIDE DE CAMP DE NAPOLÉON Ier

MAJOR GÉNÉRAL DU GÉNIE AUX ÉTATS-UNIS

Ministre de la guerre sous la Monarchie de Juillet

PAR

Gustave GAUTHEROT

LICENCIÉ EN HISTOIRE

(Extrait des Annales franc-comtoises)

BESANÇON

IMPRIMERIE DE PAUL JACQUIN

1901

BIOGRAPHIE

DU GÉNÉRAL

SIMON BERNARD

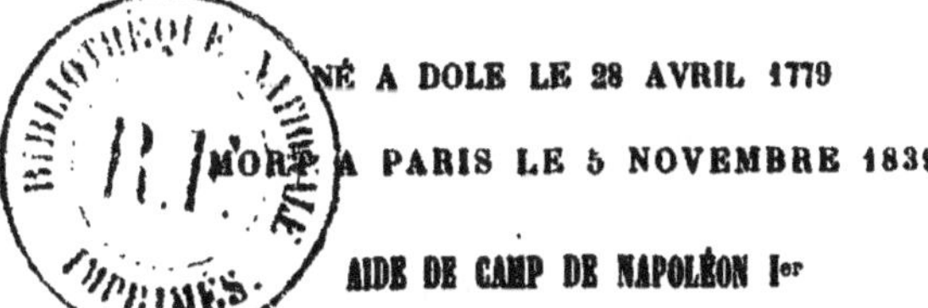

NÉ A DOLE LE 28 AVRIL 1779

MORT A PARIS LE 5 NOVEMBRE 1839

AIDE DE CAMP DE NAPOLÉON Ier

MAJOR GÉNÉRAL DU GÉNIE AUX ÉTATS-UNIS

Ministre de la guerre sous la Monarchie de Juillet

PAR

Gustave GAUTHEROT

LICENCIÉ EN HISTOIRE

———

(Extrait des *Annales franc-comtoises*)

———

BESANÇON

IMPRIMERIE DE PAUL JACQUIN

—

1901

LE GÉNÉRAL BERNARD

Parmi les morts de l'histoire, il en est qui méritaient un meilleur sort, et il peut se trouver juste et utile de les faire revivre.

Les pages qui vont suivre ont pour but de montrer si le général Bernard est l'un de ces méconnus.

Le désir d'ajouter un nom à la liste de nos gloires franc-comtoises ne leur est assurément pas étranger ; mais qu'importe ? si le nom de ce fils d'artisan qui, par son mérite, a conquis le premier rang, est véritablement digne d'échapper à l'oubli (1).

(1) Bibliographie : Pièces relatives au général Bernard (Recueil de la Bibliothèque de la ville de Dole).

Recueil de pièces intitulé : *Le lieutenant général baron Bernard*, 1779-1839. (C'est une brochure contenant quelques documents dont un certain nombre inédits, sur le général Bernard, composée par un des parents du général, qui nous l'a communiquée. Cette brochure n'est pas dans le commerce.)

A. Marquiset, *Histoire de Dole*, t. I.

Bourrienne, *Mémoires*, t. VI.

Baron Fain, *Manuscrit* de 1813.

Thureau-Dangin, *Histoire de la Monarchie de juillet*, t. III.

Revue des Deux Mondes, 30 septembre 1836 et 31 mars 1837.

Discours prononcés sur la tombe du général Bernard par Barthe, le général Rogniat, le général Atthalin et le major Poussin.

Molé, *Discours à la Chambre des pairs*, du 21 février 1840.

Archives de la Légion d'honneur.

Archives de la Société de géographie de Paris :

1° Report of the board of internal Movement, on the contemplated canal between the Atlantic and the Gulf of Mexico.

2° Map of Reconnaissance between Baltimore and Philadelphia.

3° Map of Reconnaissance exhibiting the country Washington and New Orleans.

4° Travaux d'améliorations intérieures projetées ou exécutées par le gouvernement général des États-Unis d'Amérique (texte et cartes par le major Poussin).

I. — L'ÉTUDIANT

Simon Bernard naquit à Dole le 28 avril 1779, de simples artisans (1).

Son père, modeste, pauvre et sans instruction, bornait son ambition à le voir bon ouvrier comme lui.

Mais un précoce penchant pour l'étude révéla bientôt qu'il était appelé à d'autres destinées. Pour développer cette jeune intelligence et l'empêcher d'étouffer dans son germe, il se trouva par bonheur un homme habile et dévoué, l'abbé Jantet, professeur au collège des Orphelins, qui, frappé de la vivacité d'esprit de Simon, s'intéressa à lui et se chargea de son instruction.

L'élève fit de rapides progrès. Il s'appliquait déjà de préférence aux sciences exactes. A quatorze ans, il conquit ses premiers lauriers en passant brillamment, au collège de Dole, un examen sur les mathématiques pures, la physique et la chimie (2).

Deux ans après, il se rendit à Dijon afin de se présenter à l'École centrale des travaux publics (3) ; malgré la dispense d'âge qu'il dut obtenir, malgré la difficulté d'un concours auquel prenait part l'élite de la jeunesse française, il fut reçu premier.

Il n'avait plus qu'à partir pour Paris.

Ce voyage fut peut-être l'une des plus rudes épreuves de sa vie. Trop pauvre pour voyager en diligence, il dut parcourir à pied, un bâton ferré à la main, et, sur le dos, un sac contenant quelques vêtements, toute sa richesse, les quelque cent lieues qui le séparaient de la capitale.

On était alors en novembre 1795 ; le Directoire faisait la guerre à l'Angleterre, à l'Autriche et à l'Italie, et la famine sévissait par toute la France.

Simon, vite à bout de ressources, arriva à Paris en mendiant. Vaincu par le froid et la fatigue, il tomba sur la neige, sans connaissance, tandis qu'il longeait les quais de la Seine.

---

(1) Ils s'appelaient Joseph Bernard et Anne David ; leur métier est resté inconnu.

(2) Marquiset, *Biographie du général Bernard*.

(3) Depuis l'École polytechnique.

La manière dont il se tira de ce mauvais pas est assez curieuse. S'il faut en croire Molé [1], une femme charitable, passant par là, eut pitié de lui, le releva et le fit porter dans sa boutique ; puis, après l'avoir restauré, elle paya un fiacre pour lui permettre de se rendre à son École, au Palais Bourbon.

Il y fut bien reçu, grâce à ses succès de Dijon et à une lettre que l'abbé Jantet lui avait donnée pour Lagrange.

Il eut vite fait, du reste, de se gagner d'autres protecteurs par son application au travail. Monge, en particulier, l'aida non seulement de sa science, mais encore de sa bourse.

Ces secours arrivèrent certes bien à propos : qu'on en juge par ce tableau que tracera plus tard de sa vie d'étudiant un de ses camarades d'alors : « Logé dans un grenier de la rue de Verneuil, il se nourrissait de la farine de maïs que lui envoyait sa mère et qui lui rappelait son enfance ; le mal du pays le prit ; sa santé naturellement délicate s'altéra ; mais habitué à se vaincre lui-même depuis son berceau et à ne rien attendre que de son travail, il redoubla d'application et d'ardeur [2]. »

Les cours de l'École duraient deux ans : Bernard en sortit second [3]. Son goût pour les sciences exactes lui fit choisir l'arme du génie.

II. — LE SOLDAT. PREMIERS EXPLOITS

Il se rendit à Metz pour y faire son stage à l'École d'application.

Mais les événements se précipitaient et Bernard devait bientôt recevoir le baptême du sang : sorti de l'École à vingt ans, avec l'épaulette de lieutenant [4], il fut envoyé à l'armée du Rhin.

Cette armée avait été confiée à Bernadotte et se trouvait alors auprès de Mannheim : il était fort important que cette ville, chef-lieu du cercle du Bas-Rhin, ne tombât pas au pouvoir des Impériaux. Ceux-ci manœuvraient en Bavière sous l'archiduc Charles et près du lac de Constance.

(1) Discours à la Chambre des pairs, 23 février 1840.
(2) Ibid.
(3) Il avait été nommé déjà sous-lieutenant le 21 décembre 1796.
(4) Le 21 décembre 1797.

Bernard, qui venait de prendre part au blocus et au bombardement de Philippsbourg, avait été posté avec quelques bataillons auprès de Manuheim pour en défendre les approches. « Ce début, dont je fus le témoin, a été celui d'un héros, dit le général Rogniat (1). Ses troupes attaquées, cernées, coupées de la place par des forces décuples, sont mises en désordre et obligées de se rendre. Le jeune lieutenant seul, préférant la mort à la honte, tente de se faire jour jusqu'à la place ; il pique des deux, passe au travers des bataillons autrichiens dont il brave les feux et dont il écarte les baïonnettes à coups de sabre; et nous le voyons enfin arriver sur le glacis de la place où il tombe non loin de nous, son cheval criblé de coups de baïonnette et lui-même ayant le bras fracassé d'une balle. »

Cette blessure l'écarta pour quelque temps des champs de bataille. Mais un bras cassé est vite remis, et quelques mois après Bernard fut incorporé à l'armée de réserve qui se rendait en Italie au secours du général Moreau.

« L'armée de réserve est en pleine marche, écrit-il le 24 fructidor an VIII à un de ses amis de Dole, en passant les Alpes ; notre division fait l'avant-garde; nous sommes à trois lieues du Grand Saint-Bernard et demain, à deux heures du matin, nous nous mettrons en marche pour descendre dans le Piémont....; j'ai eu la fièvre pendant quelques jours, mais maintenant je suis frais et dispos, tout prêt à parler à Messieurs les Autrichiens: demain nous verrons leurs moustaches (2). »

Il vit encore leurs talons.

Le 22 mai, il pénétrait le premier dans la place d'Ivrée, puis se précipitait à l'attaque du pont Romano ; le 9 juin, attaché au corps commandé par Lannes et Murat, il se distinguait à la bataille de Montebello ; le 25 décembre, il se faisait remarquer par ses qualités d'ingénieur au passage du Mincio (3). Mais cette fois encore il paya la gloire de son sang : blessé, il ne put achever la campagne. Il reçut alors les galons de capitaine (4).

(1) Discours prononcé sur la tombe du général Bernard.
(2) Les lettres citées se trouvent dans le Recueil de la Bibl. de Dole.
(3) Archives de la Légion d'honneur.
(4) Le 22 mars 1800.

III. — L'OFFICIER DE FORTUNE. CAMPAGNE D'AUTRICHE
ET EXPÉDITION DE DALMATIE

Que fit Bernard de 1801 à 1805 ? Les documents sont muets sur ce point. Il est toutefois probable qu'il fut employé à la réorganisation du génie, car nous verrons quelle réputation d'ingénieur il s'était faite (1).

A partir de 1805, ses traces sont plus faciles à suivre, car c'est dans la campagne d'Autriche qu'il jeta les véritables fondements de sa fortune.

Napoléon, à la tête de la Grande Armée, était encore à Strasbourg, s'apprêtant à descendre le Danube, « lorsqu'il demanda au général Marescot, commandant en chef de l'arme du génie, si dans ce corps fertile en jeunes talents, il y en avait un que l'on pût charger d'une mission délicate ; il fallait un jeune homme, brave, prudent, instruit, pour pousser une reconnaissance aussi loin qu'il le pourrait (2). » L'empereur, sans nouvelles précises des mouvements de ses adversaires, voulait savoir où il les rencontrerait avant de diriger son armée sur Vienne.

Marescot choisit sans hésiter le capitaine Bernard.

Celui-ci partit aussitôt, suivi de son ordonnance, dans la direction de Vienne. Il s'avança jusque sous les murs de la ville, sans s'inquiéter des balles ennemies, recueillant chemin faisant de précieuses indications sur les routes à suivre, la position et les mouvements des Autrichiens.

De retour au quartier général, il fut interrogé sur sa mission par l'empereur en personne, et ses réponses, dit Brienne, le satisfirent pleinement. Mais cet entretien devait se terminer d'une manière tout à fait imprévue. Au lieu de se borner à répondre verbalement aux questions posées, il voulut faire du zèle et se mit à lire un rapport qu'il avait rédigé sur les chemins à prendre : il y disait entre autres choses que s'il avait le commandement de l'armée, il la dirige-

---

(1) On le retrouve du reste à l'armée d'Italie, en 1801 et en 1802, au passage du Mincio et au siège de Porto-Ferrajo. En 1803, il est incorporé à l'armée de l'Océan ; en 1805, à la Grande Armée.

(2) Pour ce passage, cf. Mémoires de Bourrienne, t. VII.

rait immédiatement sur Vienne, sans s'inquiéter des places fortes ; avec un peu de rapidité, la capitale de l'Autriche, insuffisamment défendue, tomberait entre nos mains, et Napoléon, de là, dicterait ses lois à la monarchie.

C'est précisément ce que devait faire l'empereur ; mais il ne pouvait souffrir qu'un simple capitaine lui donnât des conseils, eût-il cent fois raison : « Comment ! s'écria-t-il furieux, vous êtes bien hardi, bien osé ! un petit officier qui se permet de me tracer des plans de campagne ! Allez attendre mes ordres ! »

Quand Bernard fut sorti, Napoléon, changeant de ton, dit au général Rapp qui assistait à l'entretien : « Voilà un jeune homme de mérite : il a bien vu ; je ne veux pas l'exposer à un coup de fusil, j'en aurai peut-être besoin plus tard ; allez dire à Berthier de lui expédier un ordre pour qu'il se rende en Illyrie. »

Avant de prendre la route du sud, Bernard eut cependant une autre mission à remplir : il dut remonter le Rhin jusqu'à Ingolstadt pour en faire démolir les fortifications.

A cette date se rapporte un fait important de sa vie. Introduit, avec d'autres officiers, dans le salon du comte de Lerchenfeld (1), il y fit la connaissance de la sœur du comte, la baronne Marie-Anne de Lerchenfeld. Il lui raconta ses campagnes, gagna son amitié, bientôt son amour. Mais il dut remettre à plus tard la réalisation de ses espérances (2). Sur ces entrefaites, il reçut, en effet, l'ordre de partir pour l'Illyrie et il quitta sa fiancée pour aller remplir sa mission.

La Dalmatie était alors une contrée à demi sauvage : les habitants, sans liens de communication entre eux et avec les autres contrées, étaient restés en dehors du mouvement de la civilisation et accueillirent fort mal les étrangers qui vinrent bouleverser leur pays.

Bernard, chargé de lui donner ces voies de communication qui lui manquaient, poursuivit sa tâche avec acharnement. Il construisit de larges routes pour relier Raguse à Zara et à Trieste. Au sud, il s'avança même jusque dans le Monténégro et il eut à engager une lutte sans merci contre les habitants de ce pays, qui, sous la direction de

(1) Ce personnage devint ministre des finances du roi de Bavière Maximilien-Joseph Ier.
(2) Marquisot, Pièces diverses.

leur vladika (1), défendirent valeureusement leur indépendance du sommet de leurs montagnes ou au sein de leurs vastes forêts. En poursuivant les Monténégrins jusque dans leurs dernières retraites, Bernard déploya même une telle rapidité que ses ennemis, dans leur admiration, l'appelèrent le « cerf (2). »

Mais le soleil d'Austerlitz s'était levé et le traité de Presbourg avait terminé la guerre. Napoléon n'oublia pas alors son faiseur de plans de campagne : « Lorsque.... l'empereur donna de l'avancement aux officiers qui s'y étaient le plus distingués, dit Brienne, le nom du capitaine Bernard, que l'on croyait en disgrâce, ne se trouvait pas porté sur la liste de Berthier parmi les capitaines du génie dont il proposait la promotion au grade de chef de bataillon. L'empereur inscrivit lui-même le nom de Bernard avant celui de tous les autres officiers (3). »

IV. — L'AIDE DE CAMP DE NAPOLÉON. LES FORTIFICATIONS D'ANVERS. CAMPAGNE D'ALLEMAGNE. DERNIERS COMBATS

Bernard resta cependant encore trois années en Dalmatie, où il se fit remarquer à l'affaire de Castelnovo. En 1809, il fut envoyé à l'armée de Braban (4). En 1811, enfin, il reçut l'ordre de se rendre à Anvers pour en diriger les travaux des fortifications. C'était là une mission d'une grande importance, car l'on sait que Napoléon voulait assimiler l'Escaut à la Tamise en créant sur ses bords une rivale de Londres, et s'appuyer sur Anvers pour renverser l'Angleterre, sa mortelle ennemie.

La manière dont Bernard s'acquitta de sa tâche lui valut de nombreux éloges (5) : lui seul n'était point satisfait de son propre ouvrage :

(1) C'est-à-dire évêque souverain.
(2) Marquiset, *loc. cit.*
(3) C'était le 26 décembre 1805.
(4) C'est à l'époque où il se trouvait à l'armée de Brabant, en 1805, que Bernard épousa la baronne de Lerchenfeld-Siesbach, fille du baron Maximilien de Lerchenfeld-Siesbach, chambellan et conseiller de régence de l'électeur de Bavière, grand bailli d'Ingolstadt, et de la baronne d'Eisolsberg de Steinhausen.

Les deux beaux-frères de Bernard furent, l'un, évêque de Bamberg, et l'autre, ministre des finances en Bavière, puis ministre plénipotentiaire à la diète de Francfort-sur-le-Mein.
(5) Le comte Molé, alors directeur des ponts et chaussées, et occupé aux

« J'ai travaillé beaucoup de choses, écrit-il le 1ᵉʳ octobre 1809 à son viel ami dolois, le peintre Machera, et quoique ardent de bien faire, je n'ai encore trouvé aucune occasion de donner mon nom à quelque chose. Il faut ainsi me contenter de l'espérance qui seule me reste. »

L'empereur allait lui donner les moyens de réaliser cette espérance en l'attachant à sa personne.

Un des grands soucis de Napoléon était alors de mettre à l'abri d'un coup de main les vastes frontières maritimes de son empire. Afin de pourvoir à leur défense, il tenait chaque mois, à Paris, un conseil du génie. Bernard, déjà renommé pour ses talents d'ingénieur, faisait très fréquemment le voyage d'Anvers à Paris pour y assister; il voyait donc souvent Napoléon et se faisait même remarquer par la liberté qu'il montrait dans la discussion (1) ; mais l'empereur ne l'en estimait que davantage.

En voici la preuve :

Un jour qu'il était venu à Anvers pour surveiller les travaux (2), il fit au comte Molé cette confidence : « Vous avez remarqué ce blondin, ce jeune officier du génie ? Quand je rencontre un homme de cette espèce, je le pousse, je le montre aux autres ; je ne serais pas surpris qu'il eût mieux aimé Washington que moi, mais qu'importe ?.... J'ai reconnu dans ce jeune homme un de nos meilleurs ingénieurs, un courage à toute épreuve, et surtout un sentiment du devoir, une droiture, une vérité, que je ne retrouve guère ailleurs. Ces qualités passent pour moi avant toutes les autres, je veux qu'on le sache. Bernard est plébéien et l'enfant de ses œuvres ; l'enfant de ses œuvres (ajouta l'empereur en souriant), c'est comme moi et cela m'intéresse toujours (3). »

grands bassins d'Anvers, prononça plus tard ces paroles à la Chambre des pairs : « Le directeur des fortifications (Bernard) employait comme moi des « prisonniers espagnols, suédois, et les ingénieurs sous mes ordres avaient à « s'entendre journellement avec lui. Ils me représentaient dans leurs rapports « le major du génie d'un commerce si sûr et si facile, de tant de lumière. « d'un caractère si ferme et si doux, que j'avais depuis longtemps un vif désir « de le connaître. »

(1) Marquiset, *Notice sur le général Bernard*.

(2) C'était en septembre 1811. Bernard avait été nommé major (lieutenant-colonel). le 3 août précédent.

(3) Comte Molé, cité par Marquiset, *Histoire de Dole*, t. I.

Un hasard devait rapprocher définitivement Bernard de Napoléon.

A la fin de 1812, voulant avoir des renseignements sur Raguse et sur l'Illyrie, celui-ci s'était adressé à plusieurs généraux et, entre autres, au maréchal Marmont [1] ; mais il n'avait été satisfait par les réponses d'aucun d'eux : « C'est bien, disait-il après chaque interrogation, mais ce n'est pas tout à fait cela ; je ne connais pas Raguse [2]. » L'inspecteur général du génie lui indiqua alors Bernard : « Ah ! attendez ! Bernard ? je connais ce nom-là, s'écria l'empereur. Où est-il ? — Sire, il est à Anvers, employé aux travaux des fortifications. — Une dépêche télégraphique ; qu'au reçu de l'ordre, il monte à cheval et se rende ici à franc étrier. »

Quelques jours après, Bernard se trouvait dans le cabinet de l'empereur : « Connaissez-vous Raguse ? » lui fut-il brusquement demandé. Il ne se trouva pas embarrassé pour répondre : « Colonel Bernard, actuellement je connais Raguse, » lui dit alors l'empereur, et il causa familièrement avec lui : « Entrant dans beaucoup de détails sur le système de fortifications établi à Anvers, il s'en fit apporter les plans, essayant d'en critiquer quelques parties et indiquant comment, s'il faisait le siège, il mettrait la place en défaut. Le nouveau colonel expliqua si bien à l'empereur comment, lui, il se défendrait contre ses attaques, que Bonaparte en fut enchanté et donna immédiatement à son interlocuteur une marque de distinction qu'à ma connaissance il n'a accordée que cette seule fois. Comme l'empereur allait présider le conseil d'État, il dit au colonel Bernard de l'y accompagner, et plusieurs fois, pendant la séance, il lui demanda son avis sur les points que l'on discutait. En sortant de la séance, Napoléon lui dit : « Colonel Bernard, vous êtes mon aide de camp [3] ! »

Voilà, certes, un avancement peu banal.

Bernard allait dorénavant suivre l'empereur dans toutes ses guerres, être le compagnon de ses victoires et surtout, hélas ! de ses revers. Il prit une part active et même glorieuse à la retraite de Russie. Il se fit surtout remarquer dans la campagne de Saxe et il fallut un malencontreux accident pour lui faire abandonner son poste.

(1) Le duc de Raguse.
(2) Pour cette anecdote, cf. Bourrienne, t. VII.
(3) C'était le 21 janvier 1813.

Blücher, chef de l'armée de Silésie, venait d'être rejeté sur Breslau et l'on se dirigeait sur Dresde, que menaçait Schwarzemberg avec l'armée de Bohême. L'armée venait de traverser la ville de Reichenberg [1] et s'engageait dans le col de Zittau pour traverser les Riesenbirge (monts des Géants), et entrer en Lusace.

« En allant de Gabel à Zittau, dit le baron Fain [2], la profondeur de la vallée rend la nuit très sombre, et l'escorte peut à peine distinguer le chemin : au passage étroit d'un pont sans parapet, le colonel Bernard, poussé par les chevaux qui se pressent derrière le sien, tombe dans le ravin et se casse la jambe. Le docteur Yvan met aussitôt pied à terre. Il court au blessé, qu'il fait transporter à Zittau sur un brancard de feuillage. Chacun déplore dans cet accident la fatalité qui prive Napoléon des services du colonel Bernard au moment où les hommes de ce mérite et les caractères de cette trempe lui deviennent si précieux. »

Mais Bernard, qui craignait de tomber entre les mains des ennemis, se fit porter sur un brancard, à la suite de l'armée. Napoléon avait ordonné à son chirurgien de suivre partout le blessé et de se constituer prisonnier avec lui, s'il le fallait.

La rude main des porteurs, le mauvais état des chemins et la rapidité de la marche avaient cependant aggravé son état à un tel point qu'Yvan lui annonça que le repos était son seul moyen de salut. Au moment où allait s'engager la bataille de Dresde, il se rendit donc à Torgau avec un corps de huit mille hommes envoyé dans cette ville pour en renforcer la garnison.

Cette place forte, très importante pour la défense de la Saxe, se trouva bientôt abandonnée au milieu des armées ennemies. Ses munitions s'étaient épuisées dans un siège de tous les jours, et ses remparts, battus par les boulets ennemis, menaçaient ruine de toutes parts. Pour comble de malheur, la peste, amenée par le manque de vivres et l'entassement des soldats dans un trop petit espace, fit bientôt d'effroyables ravages dans la garnison et emporta le gouverneur lui-même, le comte Louis de Narbonne [3]. »

---

(1) Sur la Neiss.

(2) Manuscrit de 1813. Le baron Fain fut secrétaire archiviste du cabinet de l'empereur et, depuis 1813, son secrétaire particulier.

(3) Villemain, *Souvenirs contemporains*.

Bernard, malgré ses vives souffrances, se dévoua alors à ses compagnons d'infortune. Comme ses jambes lui refusaient tout service, il monta sur les épaules de Clément, son fidèle domestique, et put ainsi diriger en personne la défense de la place. Il s'attacha surtout aux travaux des fortifications, dont il fallait chaque jour réparer les brèches.

Lorsque toutes les provisions furent épuisées, l'on dut cependant se rendre ; mais l'héroïsme qu'ils avaient montré valut à nos soldats la consolation d'abandonner en armes les ruines de la forteresse.

Bernard avait été choisi pour porter en France la nouvelle de la capitulation. Sa jambe cassée ne lui permettant pas encore de monter à cheval, il acheta aussitôt une calèche afin de franchir rapidement les quatre cents kilomètres qui le séparaient du Rhin.

Ce long voyage à travers les champs de bataille de la veille s'était effectué sans encombre, et notre colonel voyait déjà s'élancer à l'horizon la flèche de Strasbourg, quand un misérable accident de voiture faillit tout compromettre : sa calèche versa et sa jambe droite fut de nouveau cassée à la même place.

Il arriva ainsi à Strasbourg en un bien triste état. Mais son devoir militaire pressait plus que les soins à donner à sa jambe et il repartit de suite, bride abattue, sur la route de Nancy. Il se rendit de là à Châlons-sur-Marne, où se trouvait l'empereur.

En voyant approcher son aide de camp étendu sur une civière, Napoléon, ému de tant d'énergie, se jeta dans ses bras et l'embrassa avec effusion (1). Puis, s'il faut en croire Molé, il le fit étendre sur le tapis de son cabinet, se plaça à côté de lui, et, les plans de Torgau dépliés à terre, suivit avec attention le long récit du siège ; quand Bernard eut achevé, il attacha à son uniforme la croix d'officier de la Légion d'honneur (2).

Bernard se rendit ensuite à Paris pour se faire soigner. Il n'échappa qu'à grand'peine à l'amputation.

L'empereur, cependant, défendait alors le sol de France contre des ennemis dix fois supérieurs en nombre et Bernard avait hâte de le rejoindre ; il ne put le faire qu'après la défaite de Laon. Il prit part à

(1) Molé, discours à la Chambre des pairs (22 février 1840).
(2) Bernard était chevalier depuis 1805.

la glorieuse bataille d'Arcis-sur-Aube, et sa conduite lui valut alors le grade de maréchal de camp du génie (1).

Il reconnut cette dernière faveur de Napoléon en lui conservant une inviolable fidélité pendant son exil ; lors de la première Restauration, en effet, il aima mieux briser son épée que de la mettre au service de la monarchie, et il vécut paisiblement à Paris, retiré dans un modeste logis. Et pourtant on ne peut dire que le gouvernement des Bourbons lui eût été hostile, puisqu'il confirma, le 23 juillet, son titre de maréchal de camp et le nomma chevalier de Saint-Louis le 20 août suivant.

Sous les Cent-jours, Bernard reprit ses fonctions d'aide de camp. Mais il fut bientôt nommé chef du cabinet topographique de l'empereur.

Après le désastre de Waterloo, il fit pendant quatre jours d'inutiles efforts pour rallier des troupes. Puis, quand il vit que tout était perdu, il voulut accompagner Napoléon en exil et courut le rejoindre à la Malmaison. Mais on ne lui permit pas de s'embarquer avec lui sur le *Bellérophon*.

Le gouvernement de Louis XVIII, après les Cent-jours, ne se montra pas plus hostile envers le général Bernard que sous la première Restauration. On espérait ainsi le gagner. Les rigueurs dont furent bientôt victimes ses anciens camarades ne pouvaient cependant le laisser indifférent. Il rompit ouvertement avec le ministère et fut aussitôt envoyé en surveillance dans sa ville natale.

Ce séjour forcé à Dole lui fit passer d'heureux instants au foyer paternel. Seulement l'oisiveté dans laquelle on le laissait lui était insupportable, et il résolut d'aller à l'étranger exercer son activité débordante (2). Bien décidé à ne pas porter les armes contre sa patrie, il traversa les mers et alla se mettre au service de l'Union américaine.

Il avait auparavant obtenu de Louis XVIII la permission de s'expa-

(1) C'est-à-dire de général de brigade. Cette nomination eut lieu le 23 mars 1814 (Arch. de la Légion d'honneur), et non en février, comme le dit Marquiset.

(2) S'il faut en croire Marquiset, Bernard aurait alors reçu des gouvernements européens les offres les plus brillantes : le tsar, en particulier, lui aurait offert un haut grade dans l'armée russe

trier : « Retenez bien que je le prête, mais que je ne le donne pas, »
avait dit le roi à cette occasion (1).

V. — LE MAJOR GÉNÉRAL DU GÉNIE. TRAVAUX AUX ÉTATS-UNIS

L'œuvre de Bernard en Amérique demanderait à elle seule un gros
volume, et ce ne serait point la partie la moins intéressante de sa
vie.

Nous n'en pouvons naturellement donner ici qu'un léger aperçu.

Les États-Unis manquaient alors de deux choses capitales : de for-
teresses et de ports de guerre pour protéger leurs vastes frontières (2);
de moyens de communication pour faire valoir les immenses ressources de leur territoire. La majeure partie de son sol était encore
vierge; ses forêts, faute de routes et de voies ferrées, n'étaient par-
courues que par quelques peuplades sauvages, Iroquois ou Hurons;
son réseau fluvial demeurait inutile, faute de travaux d'art pour assu
rer la navigation ou de canaux pour relier entre eux les divers bassins.

Bernard fut appelé à féconder les germes de richesse et de puis-
sance de la grande République (3).

Quand il arriva à Washington, il n'était encore que bien peu
connu : « Sa réputation d'ingénieur célèbre et d'officier particulière-
« ment remarqué par le plus grand capitaine du siècle l'avait seule
« devancé (4). » Il fut cependant mis à la tête d'une commission
d'ingénieurs instituée en 1816 par le Congrès de l'Union, afin de
pourvoir à la défense militaire et au développement industriel et
commercial des États-Unis. Peu après, il fut nommé major général
du génie, et c'est en cette qualité qu'il accomplit ses immenses travaux (5).

---

(1) Marquiset, *Hist. de Dole*, t. I. L'autorisation royale est datée du 2 septembre 1816.

(2) Et le besoin s'en faisait sentir, puisque l'Angleterre ne cherchait alors
qu'une occasion de réparer les défaites de sa récente guerre maritime avec les
États-Unis.

(3) Son territoire formait alors un triangle dont la base s'appuyait à l'Atlantique, et dont le sommet allait se perdre dans l'ouest, cherchant à atteindre le
Pacifique.

(4) Discours du major Poussin sur la tombe de Bernard.

(5) Ces travaux sont exposés dans un ouvrage de l'aide de camp du général,

Ces travaux peuvent se ramener aux cinq chefs principaux dont nous allons successivement parler.

Le littoral de l'Atlantique, déchiqueté en lagunes, bordé de récifs et de bancs de sable, n'offrait presque aucun port facilement abordable aux navires ; Bernard fut chargé d'y construire des digues et de faire creuser des chenaux à l'entrée des grandes baies.

Parmi celles-ci, la plus importante était la baie de la Delaware, au fond de laquelle se trouve Philadelphie. Malheureusement, elle était semée de bas-fonds et se trouvait, en hiver, obstruée par les glaces flottantes. Bernard créa à son embouchure un port artificiel et construisit de vastes jetées qui servirent à la fois de brise-lames et de brise-glaces.

Mais ce ne fut là qu'une toute petite partie de ses travaux sur le littoral de l'Atlantique : on le chargea, en effet, de relier entre eux les points les plus importants des côtes maritimes par des ouvrages de fortifications, des routes (1) ou des canaux (2).

Le chef-d'œuvre de Bernard, au point de vue de la hardiesse de l'entreprise, fut peut-être le grand canal destiné à relier l'Océan, par-dessus la chaîne des Alleghanys, aux bassins de l'Ohio, du Mississipi et des grands Lacs. Pour en déterminer le tracé et en lever les plans, il dut parcourir à plusieurs reprises le Maryland, la Virginie et la Transylvanie. Quelques chiffres feront saisir du reste toute l'importance de l'entreprise : le canal devait avoir cinq cent soixante-cinq kilomètres de longueur ; il devait monter à plus de mille mètres d'altitude et posséder trois cent quarante-huit écluses. Pour lui livrer passage, il fallut élargir le lit resserré du Potomac, construire de hautes digues et percer enfin un canal de six mille cinq cents mètres à travers les Alléghanys (3).

le major Poussin, ouvrage accompagné d'un recueil de cartes, de tracés et de plans. Cf. aussi un rapport en anglais adressé par Bernard au congrès de l'Union, en 1827 (Soc. de géogr. de Paris).

(1) En particulier, la route de Baltimore à Philadelphie.

(2) Cf. là-dessus les rapports présentés au congrès le 24 mai 1826, le 5 mai 1827, le 28 février 1828 et le 19 février 1829.

Bernard fut aidé dans ces travaux par un ingénieur français, également retiré aux Etats-Unis, le général Gratiot.

(3) Bernard, envoyé en Floride, ne put achever son œuvre ; elle fut continuée par l'ingénieur Benjamin Wright.

L'œuvre de Bernard en Floride (1) ne fut pas moins pénible. Chargé de dresser une carte de la péninsule et d'en lever un plan hydrographique, il dut parcourir en tous sens ces malsaines régions (2). Ses travaux aboutirent au tracé d'un canal entre l'Atlantique et le golfe du Mexique (3).

Sa dernière entreprise fut le tracé d'une route entre Washington et la Nouvelle-Orléans. Il est inutile d'en démontrer l'importance. Bernard dut employer cinq mois à parcourir quatre cents lieues à travers des régions encore incultes (4), sans autre moyen de locomotion que des radeaux ou des pirogues d'écorces avec lesquels il suivait le cours des rivières (5).

Il ne s'était donc pas ménagé au service des États-Unis, et il y avait acquis, à juste titre, une grande popularité. Mais son exil lui pesait de plus en plus : à la nouvelle de la révolution de juillet, il voulut rentrer en France avec la liberté.

(1) La Floride, cédée aux États-Unis par l'Espagne en 1821, avait vu presque aussitôt se développer ses merveilleuses ressources, grâce à une immigration très rapide.

(2) Sa santé s'en ressentit. Il écrit le 28 octobre 1829 à son ami de Dole : « J'ai fait cette année et pendant le fort des chaleurs une excursion bien fatigante dans le sud de ce pays ; j'ai assez bien résisté pendant les six premiers mois aux fatigues et privations, mais en août dernier, j'ai été saisi par une fièvre bilieuse maligne qui m'a réduit très bas. Fort heureusement, je n'ai été attaqué qu'au moment où je sortais des déserts.... j'ai été ainsi retardé de ma route à peu près un mois.... »

(3) Cf. son rapport intitulé : « Report of the board of Internal Improvement on the contemplated canal between the Atlantic and the Gulf of Mexico. » Washington City, february, 19th. 1829.

(4) Bernard les parcourut quatre fois avec son aide de camp.

(5) Roux de la Rochelle décrit ainsi sa manière de voyager : « Quelques livres et quelques instruments de petite dimension étaient la plus précieuse partie d'un faible bagage qu'il portait souvent lui-même. Si, après de longues marches à pied, il n'était pas encore vaincu par la fatigue ou le sommeil.... il développait encore la vaste étendue de ses connaissances. Il pouvait plus assidûment se livrer à ce travail dans les moments de repos que lui laissaient ses navigations sur quelque grand fleuve, et lorsqu'il avait à les parcourir sur un radeau.... Ce voyageur, occupé des livres qu'il avait sous les yeux....., étendait paisiblement la série de ses recherches, tandis que les Indiens, conduisant cette frêle embarcation, la laissaient aller à la dérive. » (Cf. Rapport à la Soc. de géogr., recueil de la Bibl. de Dole.)

VI. — LE MINISTRE DE LOUIS-PHILIPPE. RÉCEPTION A DOLE. LA QUESTION DES FORTS DÉTACHÉS. LE MINISTÈRE DES TROIS JOURS. LE MINISTÈRE MOLÉ. ADMINISTRATION. FUNÉRAILLES. ÉLOGES POSTHUMES.

Bernard débarqua au Havre dans les premiers jours de 1831. Sa première pensée fut pour sa ville natale. Dole lui avait préparé, du reste, une réception digne de lui.

Un détachement de la garde nationale, musique en tête, était venu l'attendre au haut de la colline de Mont-Roland (1). Là, des discours sont échangés (2). Le cortège fait ensuite son entrée dans la ville, au milieu d'une foule empressée et au bruit du canon. Un grand banquet avait été préparé à l'hôtel de ville (3) : des toasts y sont portés en abondance; on y vante à l'envi les mérites du « héros » du jour (4). Bernard avait même su inspirer la muse des poètes, et des

(1) Cf. Recueil de la Bibl. de Dole : « Fête donnée au général Bernard par ses amis et par la garde nationale le 21 mars 1831. »

(2) Voici quelques phrases du discours de Bernard : « Depuis le jour où je me suis éloigné de vous...., j'ai reçu sur le sol de l'Union américaine une généreuse hospitalité Ce grand pays, qui n'a jamais été souillé par le despotisme...., a applaudi avec enthousiasme aux mémorables journées de juillet, journées qui, espérons-le, ont à jamais délivré la France du joug honteux que l'hypocrisie, la bassesse et le parjure lui préparaient depuis quinze ans.... Cette liberté a été conquise par le peuple et pour le peuple ; c'est pour la maintenir que vous avez pris les armes : ne les déposez jamais. Rappelons-nous toujours que la garde nationale et l'instruction primaire sont les deux grands boulevards de notre édifice social et politique : sans eux, l'anarchie renverserait l'ordre public, et sur les ruines de l'édifice s'élèverait bientôt le despotisme.... Que Dieu protège la France et confonde ses ennemis ! »

(3) On lisait sur les trophées décorant la salle du festin : « Un grand homme lui apprit l'art de la guerre, un grand peuple lui dévoila les principes de la liberté :

Au général Bernard : en lui donnant naissance
Dole enfin a payé son tribut à la France ! »

(4) Il serait long de reproduire ici tous ces toasts : ce sont cependant de curieux exemples de la déclamation du temps. On y remarque en particulier l'alliance des idées royalistes et révolutionnaires. Ceux du général Bernard sont, il faut bien le dire, parsemés de naïfs lieux communs : il porte par exemple un toast à la garde nationale, « un des contreforts de l'édifice public d'un peuple libre qui s'est élevé comme par enchantement à l'appel du Nestor

hymnes patriotiques furent chantés et déclamés à sa louange ; preuve
qu'il avait acquis déjà une certaine réputation parmi ses concitoyens.

C'était un partisan déclaré de la révolution de 1830, mais un de
ceux qui ajoutaient volontiers au cri de « Vive la liberté ! » celui de
« Vive le roi ! » Il offrit donc ses services au nouveau gouvernement
et fut bientôt nommé lieutenant général du génie (1), puis aide de
camp du roi (2).

Une grave question préoccupait alors le pays : celle des fortifications de Paris. Les cruelles expériences de 1814 et de 1815 avaient
montré le danger qu'il y avait à laisser la capitale sans défense suffi-
sante. Mais, chose étonnante, il se trouvait alors des esprits distingués pour attaquer le projet du gouvernement au nom de la Révolution et pour dénoncer à la tribune « ces bastilles dirigées, au moins
pour la moitié, contre la population de Paris (3). »

Le général Bernard, lui, était un des plus hardis défenseurs du
projet ; il fut nommé commissaire du roi et chargé de présenter à la
Chambre un rapport sur la question. Le discours (4) qu'il prononça
en cette qualité, dans la séance du 1er avril 1833, est assez remarquable au point de vue technique : après s'être déclaré partisan des
forts détachés, il y expose, avec une grande logique, les raisons qui
rendent ce système supérieur au vieux système des fortifications con-
tinues. Son projet fut adopté du reste, et les forts qui défendent
aujourd'hui Paris n'en sont que la mise en pratique.

Nous arrivons à la partie « politique » pour ainsi dire de la vie du
général Bernard. Partisan de Louis-Philippe, mais fidèle, comme
nous l'avons vu, aux idées de la Révolution, il avait pris place parmi
les adversaires du ministère du 11 octobre. Or, lorsqu'en 1834, les
démissions successives du duc de Broglie et du maréchal Gérard

de la liberté (1).... » Mais il est permis à l'homme d'action de n'être point orateur.

Un nom à noter parmi ceux qui vinrent faire l'apologie de la vraie liberté
est celui du lieutenant de Brack, du 13e chasseurs, qui devait, comme Bernard,
donner son nom à une caserne de Dole.

(1) Grade équivalent à celui de général de division. Cette nomination est
datée du 15 octobre 1831. Il avait été remis en activité le 12 février, et était
passé le 28 mars à l'état-major général.

(2) Le 20 avril 1832.

(3) Cf. discours du général Demarçay. Carrel et Arago faisaient chorus.

(4) Cf. *Moniteur* du 2 avril 1833.

firent tomber ce ministère, c'est dans l'opposition elle-même que le roi chercha de nouveaux ministres.

Persil, ministre de la justice du cabinet précédent, fut chargé de les trouver : sur les indications de Dupin, trop prudent pour s'exposer lui-même à un échec certain, il confia à Bernard le ministère de la guerre avec l'intérim des affaires étrangères (1).

Mais l'homme qui poussa surtout ce dernier à accepter cette nomination imprévue fut le vieux duc de Bassano (2), choisi par Persil pour présider le ministère.

Ce ministère, composé d'éléments hétérogènes, d'hommes inexpérimentés et sans autorité réelle, ne pouvait durer. Au milieu des attaques violentes dont il fut immédiatement l'objet, Bernard ne fut pas épargné (3). Les journaux répétèrent à l'envi cette parole que Napoléon lui avait dite jadis en présence de Bassano : « Mon cher Bernard, ne parle donc jamais politique : tu n'y entends rien.... »

Le fait est qu'il s'était fourvoyé dans un joli guêpier.

Il lui fut heureusement bientôt donné d'en sortir. Né le 10 mars, le ministère des Trois-jours mourait le 13, et de sa bonne mort (4). Les nouveaux ministres furent en effet assez clairvoyants pour offrir eux-mêmes leur démission. Ils prétextèrent l'état de fortune du duc de Bassano (5), sans le consulter du reste (6).

(1) Les autres membres de ce ministère furent Passy, Ch. Dupin, Bresson, Teste et Sausay.

(2) Ce personnage avait été l'ami de Bernard sous Napoléon Ier.

(3) Les journaux accusaient à la fois Bernard « de relever directement du despotisme royal » (*Messager*) ou de faire partie « de la canaille du château. » D'autres lui reprochèrent d'avoir ravivé au Comité de défense la question des forts détachés.

(4) En fait, Bernard fut ministre de la guerre du 10 au 18 novembre.

(5) Les dettes du duc de Bassano étaient si criantes qu'à peine eut-il été nommé ministre, ses créanciers saisirent d'avance son traitement.

(6) « Quelques heures plus tard, dit Thureau-Dangin, le vieux duc arrivait au conseil chez le roi ; il s'y rencontra avec M. Persil et le général Bernard. Après un moment de silence : « Je pense, dit M. Persil, que Votre Majesté considère le ministère comme dissous. » Louis-Philippe fit un signe, et comme M. de Bassano ne semblait pas encore se rendre bien compte de l'état de choses, il ajouta : « Je regrette, monsieur le duc, que nous ayons fait ensemble une si courte campagne. » Les rieurs appelèrent cette mésaventure la journée des Dupins. »

Le général Bernard eut comme successeur au ministère de la guerre le maréchal Mortier.

Le général Bernard sortit de cette aventure assez dégoûté de la politique : droit de caractère, ennemi des intrigues, il y répugnait d'ailleurs naturellement. La force des choses devait cependant, deux ans après, le ramener au pouvoir (1).

En 1836, la chute des doctrinaires avait ouvert pour la monarchie de juillet une période de crises parlementaires. La politique dite nationale, agressive et quelque peu révolutionnaire, envahissait les couches politiques. Déjà les concessions de Thiers, qui avait succédé à Guizot et à de Broglie, ne satisfaisaient plus l'opinion. Louis-Philippe, dans ces circonstances, fit appel au comte Molé : le manque d'énergie de ce personnage, aussi bien dans la parole que dans la conduite (2), avait, du reste, guidé le choix du roi, qui espérait le mener ainsi à sa guise.

Le ministère fut formé le 6 septembre (3), mais il resta incomplet jusqu'au 19. Le choix du ministre de la guerre souleva en effet de grandes difficultés : le roi fit infructueusement des offres au maréchal Soult, au maréchal Sébastiani, puis à de Caux. Il s'adressa enfin au général Bernard, qui, après avoir refusé, se crut obligé d'accepter (4).

Le choix de celui-ci, proposé, imposé presque par Molé, avait failli faire périr dans l'œuf le nouveau ministère : « La première question sur laquelle s'est divisé le conseil a été la nomination du ministre de la guerre, rapporte la *Revue des Deux Mondes* du 30 septembre. M. Molé proposait le général Bernard et a soutenu son choix avec vigueur ; il l'a emporté, après un vif débat, sur M. Guizot, qui demandait le général Schramm ou le général Fleury. La distinction glorieuse que Napoléon a fait tomber sur le général Bernard, ses con-

(1) Il fut nommé, l'année suivante, inspecteur général du génie (26 juin 1835).

(2) Les doctrinaires reprochaient au comte Molé d'avoir « l'ambition d'un homme et les nerfs d'une femme »

(3) La présidence était attribuée au comte Molé, l'intérieur à Gasparin, les finances à Duchâtel, l'instruction publique à Guizot.

(4) La nomination d'un ministre de la guerre était alors urgente : « La situation morale de notre armée demande une excessive surveillance, disait l'*Univers* du 14 septembre. L'influence des sociétés secrètes et du mouvement insurrectionel de l'Espagne répand l'insubordination parmi nos soldats et les rend plus susceptibles de prêter l'oreille aux projets de conspiration. Il faut donc une main ferme et un nom militaire imposant pour maintenir la discipline. »

naissances variées, son séjour chez un peuple gouverné par des institutions libres, l'aménité et la modération de son caractère, semblaient à M. Molé de justes motifs de préférence qu'il a fait triompher dans le conseil ; et M. Guizot accepta comme collègue un membre du ministère des Trois-jours, sinon un adversaire prononcé, du moins un dissident politique. »

Ce furent, en définitive, son intégrité, son désintéressement et ses mérites qui le rapprochèrent de Guizot, doctrinaire intransigeant [1] : car ce ne fut pas une abdication de ses idées politiques : « Soldat de l'empire, — dit-il dans sa première circulaire à l'armée, plein du souvenir de nos victoires, heureux d'avoir pu être distingué par le plus grand capitaine des temps modernes....., je m'enorgueillis de l'insigne faveur qui m'a placé à côté de la personne du roi.... » Et il continue : « Le premier de mes titres à la confiance de Sa Majesté est sans doute le zèle dont je suis animé pour les intérêts de notre vaillante et belle armée.... Tout ce qui pourra contribuer à son bien-être et à ses succès sera accueilli par moi avec empressement. »

Le général Bernard, en effet, durant les trois années qu'il passa au ministère, fut avant tout le chef de l'armée ; il se désintéressa de toutes les intrigues politiques et prit même si peu de part aux débats parlementaires que ses ennemis attribuèrent son abstention à sa servitude [2].

Pour appuyer ce grave reproche, on racontait que le duc d'Orléans [3] avait la haute main dans l'administration de la guerre, comme le roi l'avait dans l'administration des affaires étrangères : « Si on laissait faire les ministres du 15 avril, disait le *Courrier français*, le duc d'Orléans disposerait souverainement du ministère de la guerre. » « Voulez-vous le favoritisme érigé en arbitre souverain des promotions dans l'armée ? » s'écriait Thiers dans le *Constitutionnel*. Le *National*, encore plus agressif, fut poursuivi en 1838 pour calomnies envers le prince royal.

(1) Quelques mois après, Guizot, ennemi de toute concession, devait du reste quitter le ministère (1er avril 1837). Bernard resta ministre de la guerre dans le nouveau ministère de « concentration. »

(2) Le reproche était commun d'ailleurs au ministère tout entier, à ce ministère qui n'avait, il faut l'avouer, aucune nuance bien précise, et qui servait la politique, conservatrice alors, de Louis-Philippe.

(3) Le même qui avait déjà fait ses preuves en Afrique, sur les bords de l'Habrah, et qui allait se distinguer encore aux Portes-de-Fer et à Milianah.

Ce qu'il y avait de vrai là dedans, c'était que le duc d'Orléans, passionné pour les choses de la guerre, allait prendre fréquemment chez le ministre des leçons de stratégie et d'art militaire. Il arrivait même au général Bernard de lui confier quelque étude ou quelque rapport à préparer pour l'initier à la pratique des affaires. Est-ce là de la servilité ?

La question des fortifications de Paris était également une arme vieillie, mais toujours bonne entre les mains de l'opposition ; elle la brandissait à tout propos pour jeter le discrédit sur « l'homme des forts détachés (1). »

Au milieu de ces attaques, le général Bernard n'avait même pas la consolation d'être populaire dans l'armée : soit à cause de l'arme à laquelle il appartenait, soit à cause des nombreuses constructions qu'il entreprit, on l'appelait dans les casernes « le grand Terrassier (2). »

Ce mot était le reflet d'une certaine méfiance : on s'imaginait que son passé l'appelait plutôt à la direction des travaux publics qu'à la tête de l'armée. Il parut, au surplus, légitimer lui-même cette défiance en s'adjoignant deux collaborateurs importants pour l'aider dans sa tâche.

Malgré tout, le général Bernard sut si bien s'écarter du jeu de la politique pour se consacrer entièrement à son rôle de chef de l'armée, qu'en définitive tous lui rendirent justice ; jamais on ne douta de son intégrité ni de sa bonne foi : « Ministre dans des temps où

---

(1) « Depuis que le général Bernard a été nommé ministre, dit l'*Impartial* du 5 octobre, tous les journaux de l'opposition le désignent politiquement en lui donnant le surnom de « l'homme des forts détachés ». Ainsi, ne trouvant dans la vie politique du général Bernard rien qui puisse exciter la défiance de la nation et de l'armée, la presse de l'opposition ne recule pas devant cette tactique de dénigrement effronté qui consiste à jouer sur une malveillante équivoque en traduisant par une pensée politique impopulaire cette opinion de savant et d'ingénieur. »

(2) Un journal de gauche, le *Constitutionnel*, disait le 13 septembre : « Le général Bernard appartient à l'arme du génie ; on sait que les corps savants sont peu populaires dans le sentiment de l'armée : sans discuter ici les causes de cette défaveur non méritée, elle existe et il y a tout lieu de craindre qu'elle ne rejaillisse sur le nouveau ministre. C'est à nos yeux un tort politique que de donner un aliment nouveau à des défiances, à des jalousies qu'il faudrait s'appliquer à éteindre.... Peut-être le général Bernard hésitera-t-il à faire pour le génie même ce qui ne sera que justice, de peur que les préventions que suscite son origine ne s'obstinent à y voir de la partialité et de la défaveur. »

des luttes passionnées mettent tant d'injustice et quelquefois de haine dans le jugement que les divers partis portent sur les hommes politiques qui leur sont contraires, il s'occupait des questions dans l'intérêt public, sans aucun mélange de passion.... Ses ennemis ne mirent jamais en doute l'honnêteté de son caractère, la sincérité de ses convictions, sa fidélité à ses devoirs (1). »

Quant au reproche d'incapacité, un aperçu rapide de l'administration du général en montrera le peu de fondement (2).

Le passage de Bernard au ministère se fait remarquer, non par d'éclatantes innovations, mais par des améliorations nécessaires et durables.

Ces améliorations portent sur quatre objets principaux : le personnel et l'administration de l'armée, les divers établissements militaires, puis l'administration spéciale de l'Algérie.

Entrons dans quelques détails.

L'avancement fut réglé par une grande ordonnance qui substitua définitivement à la faveur le mérite et l'ancienneté. Le recrutement fut établi sur des bases plus équitables (3).

L'effectif de l'artillerie fut accru : des arsenaux, en particulier à Besançon, à Perpignan et à Bayonne, furent construits pour la défense des frontières. La fabrication des armes passa entre les mains de l'État et fut grandement perfectionnée (4) : en 1839, les derniers fusils à silex étaient remplacés par des fusils percutants.

En matière de justice militaire, les conseils de guerre furent réorganisés, ce qui ne laissa pas d'inspirer d'ironiques commentaires (5).

---

(1) Discours de Barthe, ministre de la justice, sur la tombe du général Bernard.

(2) Pour l'étude de l'administration du général Bernard, voir un rapport détaillé et très complet dans le recueil de la Bibliothèque de Dole.

(3) Lois du 11 août et du 8 mai 1837.

(4) C'est le 19 mars 1838 que l'État devint propriétaire de la fabrique d'armes de Saint-Étienne.

(5) La compétence du ministre en pareille matière fut fort discutée. On lit à ce sujet dans la *Revue des Deux Mondes* du 31 mars 1837 : « M. le général Bernard, qui occupe le ministère de la guerre, ne serait-il pas le premier ministre des travaux publics de l'Europe et la lumière ne naît-elle pas de chacune de ses paroles, quand il daigne empiéter sur les attributions de M. Martin (du Nord) en donnant quelques notions de géométrie appliquée et de génie

L'administration de l'armée surtout réclamait des réformes (1). L'intendance fut entièrement reconstituée par la suppression de l'élément civil : puis le général Bernard en élargit les cadres, en unifia les divers services et prescrivit, pour le contrôle, des revues périodiques d'inspection administrative (2).

Sa sollicitude s'étendit du reste aux plus petits détails, car c'est par centaines qu'on compte ses ordonnances ayant pour but d'améliorer la condition du soldat.

Mais il porta aussi ses regards au delà des frontières, sur cette terre d'Afrique que l'héroïsme de nos soldats venait d'ajouter à la France et où il fallait asseoir solidement notre domination : cette œuvre fut facilitée par l'ère de paix et de colonisation qui avait succédé à l'ère des combats depuis la prise de Constantine.

Bernard comprit l'importance du rôle qu'il avait à jouer en Algérie. Il unifia d'abord le commandement en concentrant l'autorité entre les mains du gouverneur général ; puis il fit dresser un cadastre pour qu'on pût déterminer les propriétés et distribuer aux colons le terrain resté libre. Quant à ces colons eux-mêmes, Bernard leur prodigua les encouragements pour les attirer en Algérie et substituer ainsi des hommes fixés au sol par leurs intérêts et leurs habitudes aux quarante-cinq mille soldats qui travaillaient et mouraient dans notre nouvelle colonie pour l'aménager. C'est la même préoccupation qui lui inspira la formation des premiers régiments d'infanterie d'Afrique, uniquement composés d'indigènes.

Il prit enfin des mesures énergiques pour remédier à l'état lamentable des hôpitaux (3); il améliora les anciens et en créa de nouveaux (4); il envoya en Algérie des médecins et des remèdes, et il remplaça les infirmiers civils par des infirmiers militaires pour assurer aux malades des soins plus dévoués.

civil, tandis que celui-ci pourrait expliquer à son tour les principes de justice militaire et l'organisation magistrale des conseils de guerre ! »

(1) La Restauration avait abandonné sur ce point toutes les réformes napoléoniennes.

(2) Ordonnances du 25 mai 1837 et du 28 février 1838.

(3) Nos soldats n'avaient d'autres hôpitaux que de mauvaises baraques en planches : « Mais que pouvez-vous donc faire ici ! » demandait un général en pénétrant dans l'une d'elles. « Nous mourons, mon général, » lui répondit un malade. (Thureau-Dangin, *Mon. de juillet*, t. III.)

(4) Ordonnance du 27 décembre 1837.

Ces mesures, on le voit, favorisaient le développement de notre influence en Algérie, tout en ménageant la vie de nos soldats.

Bernard avait appliqué toutes ses forces et toute son âme aux soucis de cette administration. Sa santé s'en étant trouvée affaiblie, ses amis lui conseillèrent de quitter le ministère [1] ; il refusa et n'abandonna son poste qu'avec ses collègues, le 8 mars 1839 [2].

Il chercha alors dans sa famille un repos bien gagné ; mais il était trop tard et il dut presque aussitôt gagner un lit de souffrances. Nommé, malgré son état de santé, gouverneur du Palais-Royal, il y fixa sa résidence [3]. C'est là qu'il mourut quelques mois plus tard, le 5 novembre 1839, à l'âge de soixante ans.

Le roi dut se charger de ses funérailles pour qu'elles fussent dignes de lui, car il ne s'était pas enrichi dans les honneurs [4].

Les principaux membres du gouvernement et les personnages les plus considérables de la capitale l'accompagnèrent jusqu'à sa dernière demeure [5]. Quatre discours furent prononcés sur sa tombe : Barthe vint rappeler le jugement de Napoléon : « Le général Bernard est le plus honnête homme que je connaisse [6] ; » le général Rogniat, ins-

[1] « Dès l'année 1838, dit M. Molé, la santé du général Bernard ne résista plus à tant de fatigues et des symptômes inquiétants étaient venus contrister sa famille, ses amis ; on le conjurait vainement de prendre un peu de repos ; vainement le roi lui-même.... le pressa, lui commanda de retrancher quelques heures de son travail qui finissait par envahir ses nuits comme ses jours, Bernard a immolé sa vie au noble sentiment du devoir...., dans les veilles ignorées d'un travail continuel et consciencieux.... »

[2] Il fut nommé le lendemain grand-croix de la Légion d'honneur.

[3] Le roi lui avait restitué du reste son titre d'aide de camp le 31 mars 1839. Il fut même nommé de nouveau, le 30 avril, membre du Comité des fortifications.

[4] La reine Marie-Amélie écrivait à M⁽ᵐᵉ⁾ Bernard, le 6 novembre 1839 : « Ma chère baronne...., nous avons perdu un ami dévoué, et nous pleurons de tout notre cœur le brave Français, l'homme honnête et loyal qui a fini victime de son dévouement.... ; le roi et la France perdent beaucoup.... »

[5] Il fut enterré au cimetière Montmartre. Voici les membres de sa famille qui suivaient le char funèbre : Columbus Bernard, son fils, alors élève de l'École polytechnique (il était, en 1858, capitaine au 3ᵉ régiment d'infanterie à Metz) ; M⁽ᵐᵉ⁾ de Saint-George, sa fille, et son mari, préfet des Deux-Sèvres ; M⁽ˡˡᵉ⁾ Sophie Bernard, sa seconde fille (celle-ci devait épouser M. Boysson d'École, receveur des finances à Étampes).

[6] *Mémorial de Sainte-Hélène.*

pecteur du génie, redit les exploits de son vieux compagnon d'armes; puis le général Atthalin, au nom de la maison du roi, et le major Poussin, au nom du gouvernement américain, lui adressèrent un dernier adieu. Les trompettes militaires sonnèrent alors aux champs et le monde cessa de s'occuper du général Bernard....

Deux honneurs posthumes devaient cependant être rendus à sa mémoire : le premier, aux États-Unis, dont l'armée porta le deuil pendant un mois à la nouvelle de sa mort (1); l'autre, en France, à la Chambre des pairs, où l'on applaudit chaleureusement son éloge prononcé le 23 février 1840, par le comte Molé, l'un de ses plus vieux amis : « Heureux celui dont la vie fut assez pure pour qu'il ne soit permis à personne de songer à la défendre, s'écria l'orateur en terminant, et dont l'âme fut assez généreuse, assez haute, pour que ce soit manquer à sa mémoire que de prétendre la venger (2) ! »

Un buste du général Bernard, conservé à la bibliothèque de Dole, nous le représente avec une physionomie singulièrement suggestive : le profil d'une rectitude remarquable, les traits accentués et réguliers, les lèvres plissées, les joues amaigries et nerveuses, le front tourmenté, les épais sourcils, l'ensemble austère et tranquille du visage, tout exprime avec l'énergie de l'homme d'action, inflexible

(1) Le texte de l'ordre du jour, publié par le gouvernement de Washington le 9 janvier 1840, est ainsi conçu : « Le président de l'Union américaine, partageant le chagrin sincère qu'ont ressenti de la mort du général Bernard les officiers de l'armée, désire témoigner publiquement le respect qui lui est dû, tant pour les services éminents qu'il a rendus à ce pays que pour ses vertus privées, et ordonne que les officiers de l'armée porteront le deuil pendant trente jours. »

(2) Le général Bernard a eu un fils et deux filles. Son fils, colonel d'artillerie en retraite, n'a eu qu'une fille qui a épousé le commandant marquis d'Oppeln de Bronikewski. Sa fille aînée a épousé M. Duvernois de Saint-Georges et n'a eu qu'une fille, mère elle-même de deux enfants. Sa seconde fille a épousé M. Boysson d'Ecole, mort trésorier-payeur général en retraite à Besançon : de ce mariage sont issus de nombreux enfants et petits-enfants.

Les papiers du général Bernard, les lettres de l'empereur et une foule d'autres étaient en possession de son fils. Tout a été détruit sous la Commune, dans l'incendie de l'arsenal, dont le colonel était alors directeur. Un portrait du général, peint par Schœffer, a eu le même sort : ce portrait avait servi de modèle au buste que l'on voit encore au château de Versailles.

Nous devons ces intéressants détails à M. Mallié, secrétaire perpétuel de l'Académie de Besançon, qui a épousé la petite-fille du général Bernard.

dans l'accomplissement de son devoir, la sérénité de l'homme de bien.

C'est là, croyons-nous, la fidèle image de son âme et la conclusion dernière qui ressort de sa vie.

BESANÇON. — IMPRIMERIE DE PAUL JACQUIN.